文學叢刊

碧果著

一隻變與不變的金絲雀

文史哲出版社印行

國家圖書館出版品預行編目資料

一隻變與不變的金絲雀 / 碧果著. -- 初版. -- 臺北市：文史哲,民 92
面； 公分. - - (文學叢刊 ;156)
ISBN 957-549-520-9 (平裝)

851.486 92012605

文學叢刊

一隻變與不變的金絲雀

著者：碧果
出版者：文史哲出版社
http://www.lapen.com.tw
登記證字號：行政院新聞局版臺業字五三三七號
發行人：彭正雄
發行所：文史哲出版社
印刷者：文史哲出版社
臺北市羅斯福路一段七十二巷四號
郵政劃撥帳號：一六一八〇一七五
電話 886-2-23511028・傳真 886-2-23965656

實價新臺幣二四〇元

中華民國九十二年(2003) 七月初版

ISBN 957-549-520-9

一隻變與不變的金絲雀

目錄

第一卷　一尊肉身

第二卷 火舞

第三卷　假面的一天

後記

附錄

第一卷　一尊肉身

哦

他　不會來了。

那是一層透明的薄膜
總感到自己被孤獨的殼包裹著
十年八載了，也許
參出了點什麼

他　不會來了。

因你的夢早已眠入一朵綻放的薔薇
感應在花朵自炫的界域內
是有隻鼬鼠，曾經走過
而微風的任務乃吹拂你甦醒過來

他　是不會來了！

也許　是參出了點什麼
你抽身走出門外　向東
也許　是參出了點什麼
突然另一個你掙脫你的肉身而誕生
嚙咬著向東的自己
斷然　面西而行
也許　是參出了點什麼

他　真的是不會來了？

哦　遠方。有　光。

一尊肉身

房間是空了很久很久了
胃腸尚在，沒有言語
但投射窗口的陽光，穿過葉隙
巧遇他張開的雙目
猶似兩朵馥香四溢的午荷

他在空了很久很久的房間內
轉，
轉著圈圈。像一股透心寒涼的邪風
滲入纖纖的指尖
於是，他看見自己由迎面走來
坐在一張扶手椅中
感同椿樹枝梢冒出的嫩芽兒

附著綿綿沉沉的鼓聲，如尾魚
美不可言的游翔為一縷清音
在光之中沐浴。而後
升為　雲
或
降為　塵。而後

在光之中
一間空了很久很久的房間，好美。
好美的一尊肉身。

他，看見。

二〇〇二年夏日的自體解析

盛裝的是炎炎的日午與日午的街
企及的是一方紅花綠葉的景象
轉身卻依是灰色的建築群體
方便隱密，方便美的操作
遠遠的有人的形體走出自身
遠
遠
的面貌不清時
開始四肢擺動在
莊周的左右
閃著一雙悲眼
看

魚。看
蝶。

舉目
擺渡口橫在近前
只有　擢舟過河
緊隨歸鳥翔入暮色

二〇〇一·春·羅生門

轉身
已是黃花萎落。
排在面前的　和
擺在身後的
昂然簇擁的頸項
是黃而盛綻的花朵

（有人說
這是剛剛才發生的事。）

他站在場子的中央
像你也像我。

轉身
人　不見了。
黃花也不見了。而
誰知道？

噢
那人
原來就是
那位
不請自來的
久久隱在內心的
自己。

一朵薔薇的液狀形象

——書寫城市經驗——

他　佛洛依德的K先生，走在街上
她　之能事，極盡魅誘的飄起烏黑的長髮
黑髮中，生出無數如柔指的黑瞳
在石材的廊柱間浮游著　盱視
彷佛字裏行間的一種綢質的顫抖
說出樹體之內的火的符碼
坐定在一廈吶喊的陽面。而後
成為一支滿溢月光的杯子，通身明亮

啊　風液狀般的銀色了起來
石材的廊柱液狀般的銀色了起來
整座城市液狀般的銀色了起來

他
佛洛依德的
K先生
走在街上。也早已是液狀般的銀色了起來

——她呢?——

唔　我啊
我　是烏黑的長髮
也　是石材的廊柱
我　是樹體之內的火
也　是
一支
滿溢月光的

杯子。

二〇〇二・夏日某晨

「就把霧叫做煙吧！」

是一種被篩濾下來的聲音
在我們的四週響起　伸延
萬勿錯認為秋之蟄隱
陽光昭然，七色層積在河之中
起身就是虹的投射

反身
走出一條長長的窄巷長長的窄巷空無
一物。僅只　他
擺動著四肢，走出去，又走回來。又
走出去，又走回來。反身

他
已走成了長長的那條窄巷。而
長長的那條窄巷似乎是更長更窄了。

故事的情節就是這樣
陽光昭然，七色層積在河之中
起身就是虹的投射

大地就是這樣的簡單

有時我站在左岸看右岸，也有時
站在右岸看左岸。看
你如何量度我與樹的存在

大地就是這樣的簡單
如我，只轉動著雙目
伸臂，在空裡空劃一道弧線
讓自己置身在球體之外
反身
把虛懸的
軀殼
如　蒂落的花與葉
墜入

不可知與不可不知的　空白

所以
有時我站在左岸看右岸，也有時
站在右岸看左岸。
其實，位列為河的樣貌是我
僅只是　尋找
通往　自己的
自己。

局限是你在心中佈設了一個圓

你的身分與天性
藉由樹的成長　　花的開放
調配悲劇界定的季節
出　入　以灌溉觀之

春天與你就脱胎於一朵玫瑰
粉蝶翩翩飛舞中
一位尋覓且等待的化身誕生了
情節就是這樣淺白

鑿設　門窗
對一生來説是很重要
不完全是為滋陰補陽

局限是你在心中佈設了一個圓
把自己囚在裏面

自此
放出與收回的意象無法止息了

自此
以千手千眼架了一座
食肉喝酒的
活動的
房子。

自此
睜著　千眼
張著　千耳
仰臉
數　星星。
低頭
看　水流。

被俘的如此肉身和變形的蟲

汝　走了。

他在笛卡兒的身後
長成為一株行走中的　杉
靈魂飄繞在頂空
肉身在性交之外，埋入雨後的
土壤

發芽。
而後，擁抱、親吻、妒忌、
寬恕。
哦　汝是走了。

之後
他發現他像是一條黑色的蟲
一條站立在面前的黑色的　蟲
不，那該是餐桌上一道餞行的佳餚
在淚影裡吞食著
與之融合的乃美之喜悅

哦　該是汝歸程的時刻了。

頃間，雁已橫空
他忙不迭的破蟲而奔向他自己
石火般還原為本初的形貌
在笛卡兒的身後
長成為一株行走中的
杉。

人·活著的樣子

身軀貼進瘖瘓的大地
各自紅紅的顏面熔在一起，升起來
也是完成皈依的一種
穀物飽滿，屋宇把笑狀呈出
如嬰眸閃爍在淺紫的嫩芽上

生命是一串昂貴的鼓鈸
敲擊在舞動的手中
急緩、緩急
均在幕與場中發生

啊　靈魂　紅藍白黑黃的
在坐臥中均可默然莊重的風雨一番

無需耳語，絕非
買。也絕非
賣。

慈悲，謙卑是肯定的
身軀貼進瘠瘓的大地
各自紅紅的顏面熔在一起，升起來
也是完成皈依的一種。
（——活著的　門，也是同志。）

與燈的關係

在界域之外　看
我站在界域之外　看
夢在，我在。你在。山在。水在。
因為有一盞燈在那裡，看
一陣微涼的風貫入我的肉身

看
我站在界域外　看
以一對棕中帶點黃與紅的，綠和藍的黑眼珠，看
看你我的肉身縮小在一朵盛綻的花中
歡悅的舞著，且在一季秋末談笑風生
披一身霞光。　看

這該是你我的元神。

在界域之外，我站著坐著臥著走著跑著，看
以一對棕中帶點黃與紅的，綠和藍的黑眼珠，看
看在一共生的空間，四目糾纏
因為有一盞燈在那裡　看

光
已自你我的自身
放出。

哦
在界域之外
看

夢在。我在。你在。山在。水在。

椿樹發芽

——致屋外的大地

椿樹發芽。是
體味的排泄
汗、眼淚和尿都情不自禁的出現了
當你面對雨後的薔薇
生命已處於美與歡樂之中
調節血液的冷與熱
在　光湧起時
萬物諸神正與你我共舞
俄而　是五彩繽紛
是
長窗彷彿洞開的中廳

四肢舒伸　如我
仰臥橫陳　如我
或　屈膝枕臂
閉目
養神。如我
張口
吞雲，
吐氣成吟。之後
肉身
翔
升。
那被你我顛覆了的觸撫
在不知的內層生發該有的旅程
哦，是在牙床之上
椿樹
發芽。

夏日記事

「你該知道你是誰。」

這僅只是瞬間之事
當自走出一場紅茸茸夢境的床
慌亂失措的是夏日某個陽光明媚的早晨
他正處身在花與飛翔的意念中

「你一定知道你是誰！」

透露我們生命活力的是當下的左右
左右是逐次消失的風和雨
使肉身上升為一株被解放的綠樹
延伸為神性龐大無根的海域

啊
他正處身在花與飛翔的意念中
哈哈

「你是誰？」

畫的自畫像
——致門前的一塊青石

這一天
像一頭鬅鬙烏髮的小獸
左岸　是柳是花是煙
右岸　是煙是柳是花
河水也清也濁。

樓外有人在罵槐。
從本體論來看
罵
與
被罵的
均與鏡中所映象的一樣，沒有驚奇

唔，陽萎症發生在一九九九年　冬
他

他是幾次試著想食用威而鋼的
且患有心臟病的漢老頭
漢

明威。
這一天
所有的刺都迎向生長的方向
時間繾綣其上，泛出
一種迷人的迷人的

光。

所有的映像在一面巨鏡中浮現

那應是遠方清風的和音
推開一切干擾，我現在應該是　人
為了應有的一種敬意
因被春示眾的乃一株初放的花樹

因樹與石，以及其他，均為一體
並使你我融入。因
你我均在無聲中接受未知

雙掌托著顱顏
所有的映像在一面巨鏡中浮現
目光
始終盯視著

傳來滴嗒之聲的
遠方。

推開一切干擾，我現在應該是　人
雙掌托著顱顏
遠方
依然是伸開雙臂

（再也
沒有
下文）。

時間的面貌

時間的面貌
猶似立在岸上的那位仁兄，赭色的
等待著絞腸的一股氣體擠出來
而後命名：

時間這玩意
始終糾纏沒有門窗的玄闇的死窖
死窖，僅有一個進出口，別無通道
唔，魚腥味來自最母性的所在

人們正在橫渡一條清濁分明的河水
驚悚的逃遁，張口向四方喧嚷
只有捕蚊器蹲在黑處

以紫晶的眼神察巡壁間的雲霧
並與夢舒伸、延展
化為或春或秋的
左右岸上的或風或雨

啊　時間這玩意
猶似立在岸上的那位仁兄，赭色的
等待著絞腸的一股氣體擠出來
幸好，捕蚊器蹲在黑處
與之照面時，透出紫晶的眼神

一支活著的瓶子

當自己看見自己時
我們已懂得美的加減
但不論如何溶入溶出或切換
走進鏡頭畫面中依然是唯一的
一間房子或是一株樹的孤獨

其實
一如白色玻璃瓶子，清白透澈
勿需文字圖說
自身就是一具載器
而我們需要的是水
以沖洗的方式祛除一切困厄與災難

之後
才是一條滾動的河。因
所謂孤獨
其實我們都是那支白色玻璃瓶子
清白
透澈。

孤獨的。透澈
清白。

河之說

這該是潺潺的水聲呵　因
我已被春天的河流撕碎　成為
一朵朵白色的浪花　這該是
甜甜的愛的符碼。　因

我們已設法使春的空間自足於體內
花樹喧嘩和落葉滿階
是髮由黑變白的事件而已

（想想秋天的河流也是這般對我。）
所以

進入了一條線的體內，
我就是那條大河了
昔日的水流在線之外　滾滾
所以
我依然每日讀書、寫詩、散步，與
吃喝拉撒和睡
都在這條大河裡。
（所以
是河而非河。
非河而是河。）
這到底發生了什麼
唔　是髮由黑變白的事件而已

冬日午後

是詩意中一切美的隱喻
如火，如紅花，如海洋
我啊，我正在焦急的等你

對著界域之外的空裡　喊著
回應在藍稠藍稠的蒼茫中
靈魂已然誕生

嘔吐是一回事（如果沒有肉體。）
不嘔吐又是另一回事。（僅只暗示而已。）
冬日午後攬鏡時，始知兩碼事均有缺陷

因為，我們都在光裡加減自己
光與魔的屬性相像
是以，春天好美。

而劇中的情節是一張開滿桃花的大床
看見在花中役使的自己
舞，在忘乎所以的一句春景的詩裡

不朽。

這裡的一切都是老樣子

顯然是個津津有味的早晨
我們已被綻放滿樹紅花佔據
那該是天賦的風的完整
這就是了，正如我們肉身的依歸
絕非神化，門的答案都是一樣

一個未知的時空正在誕生
前方擎起的是酒與蜜的旌旗
碰然　聲音來自遙遠的遠方
那該是天賦的風的完整
獨白過後，人的
我之角色，已不再逃遁

因為我們已尋得長寬和高
無需臨鏡，我們知道正做著什麼
而前方擎起的是酒與蜜的旌旗

顯然
這又是個津津有味的早晨

第二卷 火舞

火舞

橫街上顱顏躥動，宛如初放的花苞
哦　之所以得以如此的場域
舞者處身在藍焰裡，繼續的舞著
其倒影隱約可見，卻
依然在我們面對的黑之外

為了遠遠七彩繽紛的裂罅
樹之右抒情妥協在揮出去的一個手勢
而我們卻獨擁岩面的　　白
就陶醉一個美妙的午后吧　且
自豪在那樣紫色的汁液中
驀然，整條街就像一位熱戀中的

女孩。

性愛在極樂的陽光下　享有

一隻懸疑的蒼蠅

如何異化為蝶一隻蒼蠅正放肆的嗡嗡著追問自
己寨子口的老槐樹作答以風黃土官道上騾馬車
的張師傅作答以哈哈的笑聲直到苜蓿地裏拔起
布穀布穀的啼聲繞著寨子不停的布穀出紅紅的
太陽。那隻嗡嗡的蒼蠅已不是嗡嗡的蒼蠅

飛

酩酊的風在樹中酩酊的鳥在風中酩酊的
樹在酩酊的覓索玉米粉揉合的月
啜泣的老母在鼓聲之外的鼓聲之中

是的
有對翅在鏡中飛著飛著飛著不停的飛著仍
在鏡之中：

人

噴泉永遠在醒與睡之中以虛實真偽的方式拷貝自己，無奈，可悲人乃人。絕非聖賢。而也非豬。（聖賢與豬均可裝扮而為之。）

雪的承諾

雪的承諾是春。在專心志致的新犁的土地上乃
一種解脫後的吶喊乃
乳牛一頭拴在榆樹幹上，站在寬大不容辯護的
陽光下，擺出癟三與上帝的樣子

而雪的承諾是春。

夢之星之夢

精子波濤般滾向火之顏之肢攀登
星的梯階有大批金質的葉搖墜有燈
默然昂首

張望遠方的童年

闌珊過後

赤身的漢子們趺坐於岩上的樹下說
著鮮活的語言活成
能咀嚼琉璃質花朵及莖葉的
族類魚簇擁的
問。

黃河

鄰家二叔公把身子印在夜裏蹲在麥田邊聆聽
麥子抽穗的呻吟摘顆星燃支煙
把涼涼的夜吸入體內哼段小曲隱沒屋中
平放在二嬸婆身邊一顆心雀鳥似的
跳。
翻轉身去像尾魚頂著黃騰騰河水朝上
游。

茶室內外

喫一片鹹魚晾曬一件件滌清滴水
的內衣讀著鑲嵌一窗夜晚
的貓的呼吸
使記憶雕鑿自己如冰展中的百合

雙性人

一林狂奔的枯枝狂奔著自焚在
河的兩岸成為
兩岸桃花的綻放綻放為不同飲食的言語

因我是火

有尾魚急燥的游喋著
整條小街軟化在那盞舔吮一幢紅磚樓屋
的一方斜度向西的鐘點之上
我乃刺入春夜的鋒刃
因　我是火。

洞

當月亮睨視的由那株自命為史的樹後升起大地
已走進一片碧色的光裏飢餓的狂嘶向那位無形
的聽者述說一種沒有止境的夢的描模川流東去
而後把自己填入一個空著很久且
尺碼適合的
席次。

二畝落花生的由來

張二叔發酵的鼾聲由東屋躥向西屋拐個彎又躥出去沈鬱的山和湍流的水在鼾聲裏發酵春天那朵穿紅衣的婆娘在發酵的鼾聲裏添了個二娃子也在發酵的鼾聲裏由東屋躥向西屋拐個彎也躥了出去此刻張二叔在鼾聲裏發酵為屋外那二畝落花生。

一列銀色的列車

甜美的音符乃
咕咕咕的鳥鳴聲
我乘坐在淡海線的捷運列車上
收受速度的快感，於焉開始

列車詩意的風駛著。

大地啊
我跟著車體在飛駛
而被解譯為　汝
以奇魅的文字幻化車內的人臉
使每張人臉在回味中浸現出先人的面容
交織為一張大河兩岸的臉

雨天，就是如此
我要以詩的面孔與汝相遇
雨天，就是如此
在冥想中，我隨著列車流瀉
且容忍被吞沒的一種絕美的
快感。

門的冥想

冬之深夜在童話風格過後
一方舞台的餘溫未盡，其血脈尚存
回顧在拒絕與妥協之間　醒著

為了算清進出的錯覺，放下已不是問題
因我們迫切需要獨處的喜悅
得之於手的是注釋自己的鏡體

所有的空間均被切割為玫瑰的形貌
哦，岸上是草長鶯飛的日子
其胃和肺，以及各部器官都化成了彩蝶
翩翔體外

是有些驚惶
冬之深夜在童話風格過後
該面對的應是花香的四月
啊，肆無忌憚的是進也是出
一方舞台的餘溫未盡，其血脈尚存
所以，我們迫切需要獨處的喜悅

第三卷　假面的一天

一隻變與不變的金絲雀

如陽光之亮麗
清澈　晶透
沒有鼓聲伴奏的
水的水的　水水的
的水的水　的的水
滿院子都是精靈的對話

他　自得而舒坦的就站成了一株桂樹

所以：
水的水，水的水，水的水的水，的水的水的的水
的水的，的水的，的水的水的，水的水的水水的
水的的，水的的，水的水的水水的

的水水，的水水，的水的水的的水
水水的，水水的，水水水水，水的的
的的永，的的水，的的的的，的水水
水的，
的水，
水的的，的的
水。
水的水的水水的，沒有鼓聲伴奏的
的水的水的的水，沒有鼓聲伴奏的
水
的

的
水，
和
沒有
伴奏的

鼓聲。

（沒有
黑色的　旗
成
風。）

水的。
的水。

一九九九・果陀

抽枝發芽在族人們的視域中
主角登場
樹們　開始演出春天的　戲
所有的口器都感覺滋味很甘美
之後
猝然　喊疼
因
所有的
口器　已匯聚為一個龐然的
黑洞　張開著
且霍霍的
由內而外的　魚貫的走出

一群一群的什麼　和
由外而內的　魚貫的走進
一群一群的什麼的什麼

唔
把族人們戲為玻璃般透明的
來不及似的
在謂之
繽紛的時空裏
走
來，
走
去。
噴嚏
和
粲然一笑

都曾佔據光的位置
獨。
領。
風。
騷。
但　誰也未料到
這是
一道
內外都能開闔的
門。
（反正
樹們
已開始
演出
春天的
戲。）

除了面對，其實什麼也不是

轉轉轉轉轉轉轉轉轉轉轉轉轉轉轉轉轉轉轉
在　人間　轉轉轉轉轉轉轉轉轉轉轉轉轉轉
想把自己對自己說的話，說給你聽。轉轉轉
你先別忙著　轉。轉轉轉轉轉轉轉轉轉轉轉
轉。可別影響別人。轉轉轉轉轉轉轉
轉出毛病來，你可要自己來負責。轉

不聽，你就轉你的吧！轉轉轉轉轉轉轉轉轉
轉轉轉轉轉轉轉轉轉轉轉轉轉轉轉轉轉轉轉轉轉轉轉轉轉轉轉
䡛䡛䡛䡛䡛䡛䡛䡛䡛䡛䡛䡛䡛䡛因為，我不能失去我自己䡛䡛䡛
轉轉轉轉轉轉轉轉轉轉轉轉轉轉轉轉轉轉轉轉轉轉轉轉轉轉轉
䡛䡛䡛䡛䡛因為，我不能失去我自己。䡛䡛䡛䡛䡛䡛䡛䡛䡛䡛䡛

轉轉轉轉轉轉轉轉轉轉轉轉轉轉轉轉轉轉轉轉轉轉轉轉轉轉轉轉轉轉轉轉
因為，可能會轉出一個夢。轉轉轉轉轉轉。夢個一出轉會轉轉
轉轉轉轉轉轉轉轉轉轉轉轉轉轉轉轉轉轉轉轉轉轉轉轉轉。夢個一出轉轉
轉
轉
轉。轉出一個未知的
夢。也許，是一條大蟒蛇。一樹紅花。一壺秋茶。一支菸草。一
壁雲霞。或
滾浪的江中，一尾
逆游的
魚。

空著的一支瓶子

一支
瓶子在那裡空著
我在那裡空著

風過時，瓶子口發出鳴聲
發出鳴聲，是我張口，在風裡

鳴聲
在空裡
糾纏。

糾纏
在空裡的

是
鳴聲。
風　糾纏在空裡的鳴聲中
鳴聲在糾纏的風裡鳴著
之後
一支瓶子在那裡空著
之後
從此到彼　無風
無鳴聲　無
糾
無纏
之後
道　成。
佛　生。
之後

我
也是
。
唔
一支瓶子。依是
空著。
空著
迎風
而立的
空在那裡

假面的一天

——焚寄叔老頭

那一天
就像是一條黑色的　河
水聲
是黑色的
掙脫
河面的
風
是黑色的
奇特至極的
那照亮夜空的
街燈的
光

也是

黑色的。
如果
把這條黑色的　河
提升
至茫茫穹空的位置
它
會體現　白
是
一種
至美
的
顏色。
因為
一生一心想成名的他
死了。在沙發上

唈！

為啥
你也繼其身後
變成了
一種
七色俱在的
黑了。

為啥？

一隻變與不變的金絲雀

〔哦〕

第四卷　薔薇花苞

薔薇花苞

向藍色的空裡
割開或撕裂　抓一把
雲，塞入書冊　與
蝶屍拼置　之後是
屬於自家私藏的構成

與之面對
一朵薔薇花苞，是
以臀股處小小的弧度
應是春風拂過的
軟而柔的
有些酸和甜的
渾圓的

冰雪的
一朵
薔薇的

花苞　與
詩意對話。
那　就是春天了。
春天裡的一個有小月芽兒的
晴夜。

四月視覺

他　平躺在野地裡
張眼望著雲外的　天
滿腦子翻攪著如江頭上的浪
在浪滾的鼓點裡
近乎反動的他，正想著
身外的

世界。玄惑
想著想著　想著
他，就大隊兵馬般的
先是手腳，後是身子、五官和腦袋
闖入二○○一年的長安
像一陣踩著樹梢的　風

在形與無形中抒情為
一朵
抽象的
薔薇的花苞。

啊
好一張今春的顏面
站在　窗口。
醒在　鏡中。

看雲

該誰聽誰說呢
這是個問題。

他獨坐窗前
看雲在他窗的上端浮動
其實你和雲是一樣的
你只是在你的時空內
進進出出
出出進進
雲
也一樣
在同一時空內浮動、消散

當下
但你不是雲。
如果，不能容忍這兒的　　　風
那就沒入雨裡去吧

這是個問題
他獨坐窗前

看雲。

每一行詩句中的樣相都是你自己

彷彿我正在享受一種尊貴的
什麼。那應該是一縷彩色的　　風
微微的有些涼意。唔
八月就此而誕生，唔
我感覺肉身已溶解於膨脹之中
啊，我已與你合為一體了，稀拉穆仁

稀拉穆仁大草原呵
尊貴是與同夥們的腳步聲
霍霍的，同夥們的
腳步，霍霍的
是晚餐燎烤羊肉的焦香味
有繞動的青煙，和炭火的幽藍

就是這個時間了

請翻開手邊的書吧
每一行詩句中的樣相都是你自己
在左右額角之外
月芽兒正在解讀一方透藍的
透藍的夜空。

大草原的夜與晝

——寫給內蒙稀拉穆仁・蘇木的你

依然如寧靜的我的肉身，仰臥著
無風時的一窪冷水
沐浴一彎月牙兒的秋夜
光，是被洗滌著一聲馬兒的長嘶

天空
可是觸撫的一臂相距

月光
是鄰女琴娃妹子放調的歌
如漫野而來的風
唔，有翅棲入初綻的花蕊
偎一寢藍色的　夢

如果
晨曦過後
也許，該是夢的盡處
門　倏然洞開
陽光自你的肉身穿過
也許，
你正感覺自己熔為如陽光一樣的陽光
啊啊，這是
最為美好的結局。

賣羊皮手套的內蒙美婦

①
草原　以一朵薔薇的面容映入
星空下，應是你棕中透碧的眼眸
而我的帆，已航向你心中的海洋
你的齒，是皓白的
浪花

②
喜悅　隱沒在由急而緩的風的腳下
馬嘶，劃破旭光，照射著
一如往常的，美的

側面
你的姿儀，如
一片無名小紫花的　搖曳

③

什麼也別說
我知道你在想什麼
那該是有位青衫人正由你的內裡走出

僅只是揚一揚手，羞怯
如雲。螓首微垂

我已轉身

④

使之溶於口中，心中濃縮的
海洋。一塊甜甜的

什麼，已化為一個繽紛漸層淡出的
微笑。
使之面對的　是
細腰黃蜂的女王。烏髮
大眼、鼻挺、唇薄似菱。一位
賣羊皮手套的內蒙美婦

⑤

魂縈　希拉穆仁草原上
青色乳白的深夜
左頰浮懸的月芽兒，恰如
橫野未歸的孤舟

哦
未歸的自己

仍在你的看視中
而歸程，僅只是揚一揚手
我已轉身

皓白的浪花

註：二〇〇〇，年秋日與老友張默、向明、商禽、管管、辛鬱、丁文智、白靈等，同遊內蒙希拉穆仁大草原，偶得拙作。

說說山水與山水說說

第一首　山

我看你站在那裡
就像一座　山

山前有廟有河
山後有崖有谷有密林
千萬可別倒塌下來
因　你總是感覺自己是一具
空了的
殼

第二首　水

那應該　是
焚燃過後的事
催化　吾
為液狀
一樣的
照映出
一輪
懸天
之
月。
形似骨骼。清澈
披風

東
逝。

臘月

晨間靜謐的透著一股甜味
甜味中似鏡面的空氣，鮮美可口
牴觸的是他獨自在房裡出神
且著迷的觀看自己。

乍然
他把頸項伸出啓開的窗口
看他平時看不見的地方
啊，指間柔柔的微風是春的蠕動
再不做他想或假設
親吻該是短髭的事
故事就是這樣

除了赤裸的田畝，什麼也不存在
是有些反動和無羈
他把頸項伸出啓開的窗口
故事就是這樣
早已瘾成為嗜為癖的自己

破譯　自己

稀拉穆仁大草原

我必須直言：
誘因就像今日金質的陽光，與
裸妝的你，稀拉穆仁

啊　稀拉穆仁
我立刻露珠般把身子倒臥
消失在你左右
卻倏的再現，在好多好多小紫花的看視中
香氣如千萬手指侵來，初秋
我每一句詩的眼睛都在讀你

午夜
我看見，一匹馬兒的黑影垂頭啃食著

小月芽兒，在你的額之外　浮懸著
答案，如遍開小紫花的秘密
潛入我血液的內層成為呼吸
成為晨間錦帳外的小立

啊　稀拉穆仁
你像滿溢一杯綠色的汁液
我無法一飲而盡。也不想飲盡
因我有一則生翅的　夢，在飛翔

飛躍在草原上

陽光如初嬰的肉身
啼唱高空的雲雀，如盛液的銀器
床是任意橫陳的大地

誰站在這裡誰就是　　風
風的全部的　風。而
表露無遺的是對汝的思念
小紫花搖曳在風中，他在她的世界內醒著
把有翅的心，飛躍在草原上。美景絕妙
我在嘗試如何停下來

甘願站成風，風成頑強的赤裸
所以，腰身扭得完好執著

不然今市一包包紅彤彤的棗兒子從哪來
一隻鼬在春天初夜與之交媾的
他是滿身生刺的一株蜜棗樹。

四月接觸

四月
是貪得無厭的豔麗，還是豔麗
貪得無厭的
以輕吟的水流，啁啾的鳥啼
的　風景。唔　緊密相繫
生活在紅花綠葉間
釋放自己為
煙火的
喜樂。於是

風在風的所在，雨在雨的所在
神明在神明的所在
你我在你我的所在

第五卷　獨吟的旅人

關於門，關於我和我的門

假如
我是一道　門

先別說
我將如何走進我自己　或
我又將如何走出我。　因為
這是誰也無法左右的事

而
走出走進的，多數不是我自己
往往自己卻像一隻　蜥蜴
敏捷，膽怯的
閃著空茫且驚懼的

一雙　眼睛，窺視
窺視
你們如何走出走進我。

啊　我啊
我在我的最深最深的深處
已備妥頂級檔次的美景與盛宴
等你。

晨之小駐

我揮舞著雙臂，唰唰的
翻閱天空這本大書
朗讀焦慮的體溫
和著風雨的動向　　及
無法遺忘的月光
窗外被花香的巨掌撫摸著
而你

笑意的能量若指
已由我之頸項輕輕繞起
語言就隨著清新的記憶
彎向河身滔滔的方向
把夢送了出去

在晨之外，猛然
回首
始發現我之體
已是整間室內的空間

允諾焚香那該是春天的事
至於信徒或非信徒均可
啊，
這又是我之座北朝南的屋宇
發光的
一日。

舞之荷之舞

傳説火的解脱取決於眠床的冷暖
美與不美由此而展現

亭立而盛開的荷，乃
炎炎日午，以炙熱的天神之手
一朵荷之火焰被點燃了
在靈魂的深處滋養你和我
在愛與夢的溶解中
其忠實行為　乃
盛開之荷正滲入你我的笑靨
因

你我正置身世界之外

漫步在和弦中
再　回眸
已成為
一種
炫耀。一種
小調的
嘔吐。

某卷章節

這兒的人們
都練就了一副說評書的　嘴
醒堂木拍了又拍
在講學論道的台子上

請釋放你模擬的樹群
因它們無能變異成　羊

他像坐在半空裡
停歇的坐著　喘
瞑目內視，浮現心中的
是你我他的軀身
頂著同一張顏面

日夜掩面啜泣
因　無法忘記的仍是那條大河的流向

此刻
有益的阻擋
乃　我們的需要。是以
面對外邊的那條街
各自紅舌靈動舔舐傷口的氛圍
四處
自療。

說之外

春天在藍布棉門簾內走出來
說話聲尾隨著
一股暖流尾隨著
杏樹梢頭的枝條被舔軟了

二大爺手捻白花鬍子默笑著
眼神卻向內裏探，像爪子
聚焦在二嫚她娘二十出頭的腰身上
俄而，杏花就白了一樹

屋子裏的人，依然在說著話
意義就產生了
在幾張開闔的嘴巴裏

翻來覆去的盡是當下的辭令
在土地與心靈感應上滾動
天空是左襟，大地是右襟
色彩只有一種
晶透晶透的藍。或
白
和
紅。
或者
……

二月·美的存在物

花與一尊玉鑿的肉身意象同時映現
汝　正端坐在我之右
在一面至聖閃光的巨鏡中，蛻為一株水仙
之後，二月緘默的產生一種面對的視覺
香甜的返往於四目黑瞳
像往常一樣，天地之間依是五色繽紛
而佔據此一境域的為　火
為火焰熊熊的幽藍
超越美與至美的海洋

哦

迎面悠然遠遊的是雲
是　一位性善無邪的青衫人

獨吟的旅人

不必緘默
風縷旋起一弧魅豔迷人的　旋
因　訴說是種慾望

我踽踽的進入山之腹地
水潺潺，蟲唧唧，喬木裟裟
風縷旋起一弧魅豔迷人的　旋
且有私我深交的月·四月的雨
因　訴說是種慾望

行囊喋喋不休的喋喋著
所幸觀者可神聖和喜悅的隨意幻想
在斷氣之前，立在軀體之外　想

急不可耐的我們托起裸顱和雙乳
等待

當下　你正在搞些什麼？
如果　我想要。我正泰然囚禁自己
呆坐如深淵的廳裡

等待
織錦般的一角方天

無痕

——爲吾友畫家李錫奇版畫

「浮生十帖」中之「無痕」而作——

始於了了。終於了了
了了乃透體而過的　風，無
痕

無痕
就是四月凝神而視的
完整而非疼痛的
成為雲淡雨微的，你與我的
紅花綠葉的，天地間的婚媾
錦衣玉食的，尊貴高雅的
鼓聲滾動的，天地間的婚媾

安祥而非妄想
（其實，誰也沒搞鬼
了了就是原貌。了了就是無痕。）
啊

回首
我們坐在燈裡看夜
看夜的芬芳撲身而來，於是
甜在當下，美在當下

二〇〇二年・三月

黑髮男子證實為春之代言人
解放詩的血肉是一陣孤獨的夜雨

像往常一樣，我們卻等待的痴立鏡前
河水均以自我的面貌經驗流向
窗外對等的春天在笙簧旋律中舞動
其興趣主因在深耕綢質的三月

哦
恰如電單車疾駛深夜驟然的吼叫
而三月如出爐的麻醬火燒，滾進腔腹
醞釀另一個三月以火的形態出生

所以
窗外對等的春天
在笙簧的
旋律中
舞
動。

劇情如此

無數雙手撕扯一無法平息的話題
眾口向著摧化秋季為火的遠方
他大踏步的走進自己的皮囊
一間監禁他的房間

背景是奪框而出的一幅明媚心醉的溪谷
他揮毫怒指西墜的殘陽
瞬間，一個恍然的　大悟
葉與花的快感均依賴我們瞳中的色彩

舞　在妙與絕美之中存有
在現有的空間內互吮
我卻頂著浪花化為一尾名喚翔的　魚

在劇情衝突之中醒著　喘息

就是基於這種理由

空漠的街上
落著嘩啦嘩啦的大雨
時間是午後四點鐘
那個男人向前邊踉蹌的奔跑著
匆迫的
思緒裏有個女人的影子於眼前的街景中
飄得滿天飛舞

那個男人
看到有位女人躲在對街騎樓下
打著噴嚏
懷抱著一個兩眼呆癡，毛髮稀疏的
女嬰。一串長長的嬰啼

將她纏得緊緊的
那個男人
匆迫的
越過街道，朝著打著噴嚏的女人
撲跪了下去

嘩啦嘩啦的大雨
落在空漠的街上。

你究竟要到那裏去

你究竟要到那裏去

有股靈妙之音在體內裊繞著
唔　你把自己濃縮一滴清淚
面著海洋，詩與淚同時溢出
風骨清癯的勾烙出一本手舞足蹈的
私我的

大書。
言不繁，語不多
的
雲淡。風清。
你究竟要到那裏去

掬一捧溫香的堧土
使自己連結至樹的根葉之中
瞬間，你的軀身已寬廣為無垠的
曠野了。
而後
你究竟要到那裏去

後記

後記：螞蟻也會上樹

我一直認眞而努力的在寫詩。絕無半點虛假，更不會自欺欺人。並冀望我的作品，能與廣大的讀詩詩愛的朋友，在心靈上，架一座能夠溝通而順暢的橋樑。所以，我尋找並嘗試各種形式的創作經驗，與創新語言的操作，其目的在期使語言由固有僵化的約制的格式中解放。

詩，是詩人在創作時情緒的渲洩和經驗的延展。我一向認爲文字是語言的血肉，語言是詩的內臟與骨骼。是以，詩人是創造新語境的一名千手千眼，靈思敏銳的工匠。是以，詩人寫一首詩和工藝人打造一把椅子，或塑製一個陶罐的過程是一樣的。

如果，在閱讀中，若想進入一首詩的意境。首先，讀者的思維，得由詩的意象中，盡其所能求得自由與開放，（最好是充分運用自己習慣思索的方法）而後，以各種感知的想象，去聯想、去推敲，循此步驟，即可覓得一個與內心或現實迥然不同的新境界。然後，反身再與內心或現實世界相結合。此刻，對一位初識詩的讀者，多少可獲得一些了解，與欣賞的喜悅。

詩，是我人生中的唯一。只有寫詩、讀詩才能降低我對現實生存的焦慮與解脫人生中的寂寞和痛苦。只有讀詩寫詩，我才能與其自然美物臻至其的化境。

而投身詩的創作，已逾半世紀的時空，但我惴摸再三，還是認爲寫詩是非常自我過癮的私我的事。嚴格說來跟誰都沒有干係。至於，我的作品，你看懂也好，看不懂也好。你認爲你懂了也好。你不想去懂它也好。這些都不是什麼大不了的事。我寫詩，純粹就是一心在寫詩，就是一心在自我過癮。那有空閒去顧及其他瑣碎。

詩人存活在私我的象牙塔裡，也沒什麼不好。因爲，每一位詩人都是爲了要把他獨有的風格呈現。

我承認我接受了西方「超現實主義」的技法創作，但所表現的「超現實主義」寫作技法，仍是受了我國古老文化的蘊育與蛻變，再經過沉潛反思後而產生的。所謂「自由聯想」也是經由我故有傳統文化的經驗所流瀉的。我僅只是在語言創新方面，企求打破日常慣用語言約定成規的模式，使語言展現一個新的姿態。而在我詩中所表現的意象，依然是來自我的母體。所以，我的「超現實主義」是中國的「超現實主義」。是東方的「超現實主義」。其實，我早期的作品，也非遊戲之作，每首詩均有意涵在。詩，要自圓其說嘛？詩，不是要說給誰懂的。詩，是要讀者用心去想去悟的，靈性的感官世界。

自九〇年代始，情詩創作十年，也未將「超現實主義」的創作技法揚棄。奈何，詩風已定，蛻變何易。

如果，閣下要問：「何謂螞蟻也會上樹？」

我會毫不猶豫的回答閣下：「爲何閣下要買魚！」

最後，我要感謝好友，詩人，詩評論家孟樊兄，爲我寫的「還碧果以眞實」。的宏文巨論。更要鄭重感謝「文史哲出版社」的主持人，現代詩壇的一位儒善彭正雄先生，鼎立相助，拙著「一隻變與不變的金絲雀」，始能付梓成集。

·於二〇〇二、九、二三孵岩居書屋·

附錄

還碧果以眞實

——評碧果詩

孟樊

困難詩人＋邊緣詩人＝孤獨老狼

在台灣詩壇中，碧果一直被視爲異數，因爲他的詩怪異，「自守一道，特立獨行」（沈奇語），就他早期的風格而言，還眞找不出有類似詩風者；他的知音難尋，更乏後進者的學習與模仿，始終踽踽獨行，「與孤獨合眠」（〈僵局〉）。他被同代與後代（詩人及評論家）予以有意或無意的忽略，「十大詩人」的桂冠戴不上他的頭頂；「超現實主義的光芒」猶被擋在他前面的洛夫、商禽給攔截；以「異數」著稱，又僅言管管，少提碧果；各類詩選的排序，更在同輩詩人之後；僅見的評論，少之又少——悲哉，碧果！憐乎，碧果！

就詩論詩，碧果的份量著實不輕，可爲什麼始終缺乏公正的定評，而得不到詩壇內外的青睞？除了碧果個人的個性之外，主要的理由恐怕在他是一位「困難的詩人」(a difficult poet)。所謂「困難的詩人」是指他的詩「困難度」其高無心，艱深、晦澀，很「難」被讀懂，因而很容易見棄於讀者，是以大陸詩人沈奇即言：「諸如『看不懂』

及各種誤讀一直如影隨形般地遮蔽著這位『異數』詩人的異質光彩」。

碧果「乃」站在邊緣位置，無論就詩壇的地位或者詩作的份量而言，這位「困難詩人」也即「邊緣詩人」(a marginal poet)。之所以「邊緣」，係緣其「困難」，由於「困難」，是以讀者及評論家多半知難而退；加諸碧果性又不喜「招搖」，註定他會成爲當代台灣詩壇一匹孤獨之狼，隨著歲月的淬礪，現在則是一匹「千山我獨行」的老狼了。

個人私語的製碼與解碼

向來解詩方法，不外乎從形式或內容下手，只是因著不同流派的主張而異其側重點（如形式主義、結構主義、新批評等側重形式批評，歷史學派、馬克思主義、女性主義等側重內容分析，新近出現的新歷史主義則形式內容並重）。不論就形式或內容來看碧果的詩作——尤其是內容，都極其困難，致使很多人因此打退堂鼓。在「勉爲其難」試圖解讀其詩作的少數評論家所拼貼繪製出來的「碧果畫像」中，我們看到的是一幅色調偏暗的造型：荒誕、冷峻、沈鬱、奇詭、眞誠、複雜、稚拙、玄思……，只有詩人張默在五○年代末曾稱讚「碧果的詩，是非常具有一種創造性的光彩的」（張默，一九六七：八九）。

評論家張漢良早期曾指出，閱讀碧果的困難，主要是文學體製(convention)的問題。文學體製指的是詩壇「約定俗成」所共同接受的一種文學（詩的）語碼，「如果作者使用這些體製傳達訊息（寫作），瞭解這些體製的讀者便應該能夠接受。」（張漢良，一九七九：二二）；然而，問題在碧果並不使用約定俗成的體製來寫詩，他「寧願打破規矩，自成方圓。由於走得太遠，因此無法爲讀者接受」，例如〈被囚之礦的死群的齡之囚〉：「透紫的娼妓之我與透紫／我之一條泥虹的淡水街市之一條泥虹」以及〈齒號〉：「貓的一窗夜晚玫瑰的我　且乃／瀰泣的玫瑰夜晚一窗的貓／一肢肉雲／塑。鑄：／一肢肉雲。」這樣「難解」的句子（一九七九：二三）。張漢良肯定地認爲：「如果他用俗成的體製寫詩，讀者一定會接受他，他的知名度絕對超過某些『朗誦詩人』與大部份一般詩人。」（同前）

後來在爲碧果的詩集《碧果人生》作序的文章中，張漢良換了另外一種說法——以「個人私語」(idiolect)來解讀他的詩作。個人私語是相對於社會公語(sociolect)而言的，社會公語是某一時期爲語言的使用者所約定俗成認可的語言，拿到文壇或詩壇上來看，其實也就是公認的文學體製；而所謂個人私語是作家或詩人刻意與社會公語保持距離別出心裁所寫作的用語，它「與社會公語產生若即若離的辯證關係；一方面他汲取公語，加以轉化，而其私語又藉回饋作用，成爲社會公語的一部份。」（碧果，一九八八：九）由於碧果援用的社會公語少、個人私語多（尤以早期爲甚），使其被讀者「公認」的程度降低，相對地其閱讀的困難度也就增加。

個人私語是詩人自製的語碼——也是一種「密碼」，個人的私密程度愈高，其密碼也就更難破解；而方便破解之門要從詩的形式上下手，也即拆解詩的語言形式，蓋密碼所負載的內容，玄之又玄，所謂「道可道非常道」，就碧果私製的密碼之「道」而言，是無法令人瞭解的，此所以遠在三、四十年前，同社的好友張默，寫了一篇褒多於貶的評碧果處女集《秋・看這個人》的短文，之後的今天，幾位試圖破解其道的評論家和詩人，仍難「載其所道」。大陸詩人沈奇只能勉強說出：「逃逸是詩人碧果永遠的命題」，這話恐須保留，有待斟酌（容後詳）。

有趣的是，三、四十年後的今天，張默對老友碧果的「再詮釋」，是否有進一層的體認？在他爲碧果晚近新出的詩集《一個心跳的午後》所寫的短文中，巧妙地做了個譬喻：「由他雕刻的語言，不僅充滿保羅・克利的奇想，也充滿米羅稚拙的情趣，更充滿E.E・康敏斯那樣把語言肢解的玄思。」（張默，一九九五：七四）這個譬喻，有些貼切，也把握到解碼碧果的鑰匙——從語言形式不從意義內容著手。遺憾的是，張默仍強調應深入詩人心靈的內層，去漸次詮釋瞭解碧果的創作觀，不能只從語言外表出發。由於張默的這個主張，又往回走上老路，和數十年前一樣，依舊無法替他的老友描摹出其所謂的「那種悠悠然的新境」。

語言形式關鍵所在

於是，張漢良在解讀碧果的詩作時，不論他提出的是「文學體製」或「個人私語」的說法，根本即捨棄對「那種悠悠然的新境」（有「悠悠然」乎？）的探索，都不在其意義或內容上糾纏，而專注於語言形式的解碼。這種情形，也可從沈奇、熊國華諸人的解讀論文中得到證明，包括張默最新的說法：「在語言上力求突破，在意象上力求奇詭」，似乎也只能從其形式或語言的特立獨行上說出個所以然來。碧果的「表現形式」（語言）易尋，惟其表現的「不可表現感」（生命體驗）難覓，是以自其「表現形式」破門，似是解鑰所在。

在解讀碧果特製的形式密碼之前，須有一點說明。碧果的創作大體上可分為兩個階段，以《台灣現代詩經典：碧果卷》所蒐錄的五個分輯而言，前四輯包括「狩獵者」、「拜燈之物」、「人」及「梯子」，為其創作早期；後一輯「血花箋」，則係其創作晚期。此一劃分，主要是從其創作特色而不從其寫作時間或年齡來區別的。晚期的碧果在表現形式上可說已經「歸隊」，在當代詩壇中並無特殊之處，其興奮地援用詩壇公認的體製用語，眾所目睹，在此無庸贅言；令人「想入非非」的奇特形式，主要在其創作早期。

早期的碧果，其語言形式要約有底下幾項特色：

其一為語句的切斷與留白。此一特點，愈早期愈為明顯，如〈狩獵者〉、〈魚的告白〉、〈鈕扣〉、〈兵士的・玫瑰〉（題目本身即如此）、〈春・神之顏中之顏〉

……。與句子被突如其來的切斷或留白相關的手法，乃標點符號的特殊使用方式，如句號有意無意的插入，切斷語句的連貫，〈鈕扣〉、〈兵士的·玫瑰〉、〈神哦·神〉……即是；又如刪節號造成的囁嚅不清的語意效果，〈狩獵者〉、〈魚的告白〉、〈秋·看這個人〉……諸詩中刪節號所營造的「沈默的空間」，不亞於語句本身的切斷與留白，兩者有異曲同工之妙。

其二爲語言的簡潔、單調和重複性。此一特點尤以〈神哦·神〉一詩最具代表性，全詩長條般地橫排成一條龍形，八十五行詩行中光是以單字成行者便占去四十八行，且全詩只用了三十九個不同的單字，簡潔、單調和重複的語言用法，在此表露無遺，其他像〈魚的告白〉、〈鈕扣〉、〈兵士的·玫瑰〉、〈樹和我和樹〉、〈來與去〉、〈等待〉、〈又是安適的一天〉、〈靜物〉……都有這種特色。

其三爲語法字(grammatical words)的恣意玩弄。語法字在句子中的功用，主要在交代句構中事物的邏輯、因果或從屬關係，通常在詩中不易出現，蓋詩本質上並不需要清楚的邏輯關係，惟類如「所以」、「而」、「也許」、「因（因爲）」、「之」、「乃」等語法字，三不五時地即於其詩中突現，尤以後二字爲甚，「碧果有意地選擇了這兩個文言語法字，復在結篇正文中，藉空間安排突顯出它們的地位，但是他卻暴力式地恣意玩弄它們，使它們失掉了正常的功能。」例如「春」是「神之顏中之顏」；〈四季之我〉中有「春體之我之春」與「我體之夏之我」，使得物與物、意象與意象之間的從屬關係混亂。最有名的例子當屬〈被囚之礦的死群的齡之囚〉，這個 of（英文字）多重所有格所造成的曖昧標題，迄今仍是無解（張漢良，一九八八：一四）。類此句子比比皆是。

其四為量詞的刻意變造。量詞如一「杯」水、一「輛」車、一「座」橋、一「匹」馬……一般均有約定俗成的用法（英文亦同，如 a cup of tea, a bottle of beer），在碧果筆下，卻變成張冠李戴，如一蓆驢子、一格娼妓、一樹婚禮、一夜日午、一肢肉雲、一曲膚翅、一石之臟、一握之芽、一腹之巷；不惟如此，他更把抽象的名詞以至於動詞、形容詞，套在其特製的量詞上，如一芽靜止、一芽騷動、一品深綠、一軌噹嗷、一廈驚駭、一廊柔黃、一縷諧音、一位時空、一朵微笑、一片黃昏等等，形成突兀駭人的意象。

其五為意象奇詭，常出人意表。不按理出牌的碧果，常將詞性蹂躪，儘管如前所述，語言用字簡潔單調，卻也富於玄思，而變化出豐富的意象，增加其語言的稠密度，例如〈狩獵者〉：「季節的審判者／咀嚼著一片黃昏／沿著散亂著金絲髮的山溪而來」；〈秋．看這個人〉：「那憂鬱的長髮啊，蓬亂的／繫著一些風的語言」；〈人〉：「我們的臉孔乃窗外的大地／有鳥自我們雙目中飛出」；〈河的變奏〉：「我已將自己流成一條河的快板」；〈夢桃花林記〉：「唰白的陽光像自溪水中升起，刺目。唰白的陽光嗖嗖的抖顫著／一種金屬的聲響」……。意象的優美、突出，在晚期的詩作中，更是屢見不鮮，《碧果卷》中第五輯所蒐錄的十六首「情詩」，首首俱見其意象懾人的功力。

其六爲物我合一的擬人化（或擬物化）手法。碧果詩中的世界，頗有莊子「齊物」的味道，詩中「我」，常可化作萬物，「我」可以是「一聲封凍的地殼裂縫時之微響」，「我」可以是泉，是魚，是月亮，是巨蛆，是山水，是彩蝶，是抽屜，是房子，是……任何他所指涉的事物。反過來，萬事萬物也被他視爲「人」而予以對待，如雲可和「我」爭論；魚可向人「告白」；牆有著四肢、鼻子和眼睛；月亮會端坐在擺渡船上擺渡；孤獨能與「我」同睡一張大床；四季竟生長出四肢來……。詩中物我合一所造成的神奇世界，以具有聊齋味道的〈夢桃花林記〉的戲劇性演出，最具代表性，這種玄想，當今詩壇可說無出其右者。

其七爲原型意象的反覆出現。原型(archetype)是詩人「前邏輯思維」的一種原始心象，在詩中它通常以象徵性的形象反覆出現，可視爲詩人文學經驗的一種展現，是他深層意識不經意之間的現形（原型概念引入文學，與榮格的「深層心理學」學派有關）。碧果早期的原型意象，經張漢良指出爲「魚」；至於晚期的原型則爲「花」和「夢」（「魚」的意象亦曾出現）；而貫穿他前後期的原型意象則爲「月」和「夜」——這點可以解釋爲何批評家給他繪製的是一幅色調偏暗的畫像，「月」與「夜」爲黑色色調，而黑色的原型象徵邪惡，惡念是否爲詩人始終於其潛意識中揮之不去的陰影？

至於魚是男性性器的象徵，花爲女性性器的象徵（佛洛依德在《夢的解析》中提及的例子），碧果前後期這種不同原型意象的變化，究竟意味了什麼？或謂此暗示著詩人創作心態的一種調整：前期爲「陽剛碧果」，後期則係「陰柔碧果」。

其八爲戲劇性演出的營造與設計。擅於製造轉折性的戲劇效果，係碧果表現形式的另一特色，這種「戲劇性的發生」(dramatic happening)常以敘事的切斷所造成的留白做爲轉折性高潮的「伏筆」，如〈在擺渡船上〉一詩，前兩段相對照的敘事，進行到第三段突破切斷，然後驀地冒出的是登場人物懾人的「偈語」。其他如〈這就是風景〉、〈僵局〉、〈又是安適的一天〉、〈夢桃花林記〉、〈梯子〉、〈蛆〉、〈問〉、〈所謂交易〉等詩，均有這種戲劇性演出的特點；其中像〈梯子〉一詩猶有荒謬劇的味道，〈又是安適的一天〉含帶黑色幽默，〈蛆〉則頗有聊齋色彩，想像空間飽滿，意趣橫生。

其九爲習於首尾呼應的修辭技法。碧果每每喜歡於詩的起頭和結尾共用同一語句或意象，讓人錯愕，如〈秋·看這個人〉、〈兵士的·玫瑰〉、〈拜燈之物〉、〈逃逸〉、〈神哦·神〉、〈等待〉、〈安排〉、〈人的角色〉……皆有此形式設計，此外像〈房間〉、〈僵局〉、〈我們從未認識他們〉等詩，首或尾亦有與詩中相呼應的句子，後詩〈我們〉甚至用了頂眞手法。

解鎖密瑪——母題

碧果前期詩作的語言形式如上所述，這種從形式上拆解其個人私語密碼的困難度，其實並不如一般想像之高，解碼之最困難處厥在其詩的內蘊問題上，張默、蕭蕭諸人並未「道」出，大陸詩人熊國華也僅言碧果「常將自己的主觀意圖隱藏得很深」，而細讀其詩「會發現許多閃光的思想和對生活的本質的披露，內容的荒誕往往含蘊著詩人的眞誠」（熊國華，一九九五：七二）這是「解而未解」的說法。

前曾提及沈奇認爲「逃逸」是碧果「永遠的命題」，他的解釋是，詩人生在荒誕的年代，有著存在對生命迫抑的無奈，在氣質上他不是一位鬥士，只能返回自身，遁入感官世界中去傾聽「肉體內的琴音」，在自己建構的「有著二十七個淺綠色的方格的小屋裡，成爲「一方想飛而未飛的風景」（一九九五：六七）。沈奇的說法似已敲到碧果詩作的內蘊，惜其未予深入論證，不足以服人；惟「逃逸」之說。

「永遠的命題」的說法在此不妨改爲「母題」。母題(motif)是詩人創作的核心部分，也是其詩作表現的基礎；是創作生命的底蘊，也是其各式經驗之所從出，它可以是一個句子、詞彙、意象、象徵或行爲。掌握到碧果詩作的母題，也等於掀開其底蘊，取得這把關鍵之鑰，不啻拿到一組解詩密碼。

詩人的母題不是「逃逸」，恰恰是逃的相反——囚。試問：詩人鎖在自己建構的

「有著二十七個淺綠色的方格」的小屋裡，只和自己爭論，成爲「一方想飛而未飛的風景」，不正因爲他的無可遁逃？「碧果所深藏的「囚禁」的母題，常以一組相關的意象展現，主要是「房間（或房子、屋子）」，如〈被囚之礦的死群的齡之囚〉、〈房間〉、〈又是安適的一天〉、〈走，我們坐車去三重埔〉、〈夢桃花林記〉、〈僵局〉等詩。房間（房屋）之做爲「囚禁」母題的表現意象，不言而喻，〈僵局〉一詩中，詩人自況飛進屋來的蒼蠅，被「囚」於房間，只能「瘋狂的撞著窗玻璃」，如本詩開頭所言，「開始吞食被決定後的意義」——就此而言，詩人的「囚禁」母題，顯然有命定論(determinism)的色彩。其他與「房屋」相關的意象群有：

籬——〈兵士的·玫瑰〉。

門——〈等待〉、〈蛆〉、〈靜物〉、〈兵士的·玫瑰〉、〈春·神之顏中之顏〉。

鎖——〈兵士的·玫瑰〉。

牆——〈牆〉。

窗——〈秋·看這個人〉、〈人〉、〈窗是一方想飛而未飛的風景〉、〈走，我們坐車去三重埔〉、〈僵局〉。

床——〈安排〉、〈河的變奏〉、〈又是安適的一天〉、〈這就是風景〉、〈夢桃花林記〉、〈窗是一方想飛而未飛的風景〉、〈僵局〉。

椅——〈椅子或者瓶子〉、〈所謂交易〉、〈人的角色〉、〈梯子〉、〈安排〉、

〈靜物〉、〈夢桃花林記〉、〈我們從未認識他們〉。

「囚」的母題，在〈牆〉一詩中徹底表露無遺：「我有著一道牆／我有著一道殘忍而冰冷的牆，高高的圍著我／高高的圍著我／哎哎／妳想，這是多麼的惱人吶」，這種被囚的感覺，在早先的〈魚的告白〉就已經「道」出了。魚告的白是：「我卻破泅禁於／這夜的圓鏡中」；魚所告的白，其實也就是人所扮演的角色，「人的角色」過的仍是被囚的日子：「就住下去吧／頭破血流的　日子／由四面八方的　翻騰著／鋪天蓋地的／壓了下來」（〈人的角色〉）。被囚禁的人、的我，爲了逃逸，爲了自由，遂油然「懷孕著　那／飛躍的馬蹄的夢」（〈魚的告白〉），遂想像「深夜，我飛啦，以我無情的翅膀／向一個遙遠的純綠色的園裡／　吻有我理想的形態的月／是甜美的」（〈牆〉），而不論「我乃魚之我」或「魚乃我之魚」，事實上都無濟於事，因爲「逃逸已棄我而去」（〈逃逸〉）。正因爲逃逸已棄詩人而去，所以與囚人房屋有關的幾種意象，諸如門、窗（不是通口而是封口）、床、椅（被囚所需倚靠之物），都成了詩人揮之不去的母題；即便是鈕扣、巢這些意象，亦皆與禁閉相關。

囚禁的母題若和前述所說的象徵邪惡的黑色原型（月、夜）拿來對照，正好不謀而合。「人被囚禁」這樣的命題，在詩人看來自屬不道德，因此是邪惡的，詩人打從潛意識裡便排斥它，所以詩人的詩作在形式上才會出現黑色原型，在內容上才會有囚禁母題。而之所以會形成這道形式和內容的密碼，倘若允許我們推遠一點，當和早期禁制的時代與社會環境有關（把追溯碧果個人年少時期的生活史暫擱不論），或者從碧果個人的精神分析中，也許可找到一些蛛絲馬跡。

碧果曾說：「詩人應面對面前的所在，以『人』的存在為基點，以超現實的手法將其事實的主體溶進客體事物中去，使創作能夠臻至『物我合一』的詩境。」（碧果，一九八一：二二五—二二六）詩人的這段「創作觀」的剖白，相當重要，應該是他特地為讀者和評論家透露的「玄機」，也即真正的「解詩之鑰」應從這一「玄機」著手。

上述囿於傳統的解詩手法，分從形式與內容切入，以掌握碧果的真髓，難免有強為解人之嫌。事實上，早期的碧果是位典型的超現實主義(surrealism)詩人，如果不從這個角度來把握其詩作，勢必會隔隔不入，至少也是隔靴搔癢，抓不到要害。關於這點，詩人洛夫在七〇年代所寫的一篇有關超現實主義的介紹文章〈超現實主義與中國現代詩〉中即曾提及，純然訴諸感覺的碧果，是最典型的超現實主義詩人（洛夫，一九七八：九九），可惜洛夫該文中只略筆一提，完全不予討論，反而拿商禽、瘂弦、葉維廉及周夢蝶為例說明，碧果之被忽視，由此亦可見一斑。

超現實主義有一個非常著名的例子，那就是所謂「絕妙的殭屍」的遊戲。眾人聚集在一塊，依序傳遞一張小紙條，在這張紙條上，每人寫一個字或者畫一條線，傳到最後，眾人就會得到一串奇特的句子，或者一幅使現實望塵莫及的圖畫，而這場已成為經典範例的集體遊戲所得到的第一句話是「殭屍——絕妙的——將喝新酒」，「絕妙的殭屍」的名句遂不脛而走。

「絕妙的殭屍」此一集團遊戲所創造出來的詩句，很明顯帶有隨機性，而這正是超現實主義所要標榜的，他們要摧毀所謂的「心理機械論」，把意識和潛意識結合起來，把夢與現實結合起來，共同融合成一「絕對的眞實」，此名之爲「超現實」，其目的在突破理性主義、社會傳統、倫理道德以至於舊式美學觀念對人心理活動的束縛，企圖恢復人內心的完全自由。爲此，他們強調欲望——性欲特別重要（始創超現實主義此一名詞的G.Appollinaire，就曾寫過二部色情小說），受到佛洛伊德的影響，性欲在此取得了合法地位，成爲超現實主義軍械庫中一件主要武器。

正如布洛東(Andr'e Breton)起草的《超現實主義宣言》爲「超現實主義」下定義時所說的：超現實主義是純粹潛意識的精神活動；人們憑藉這種活動記錄思維的眞實機制，不受理性的任何控制，也不帶任何美學的或道德的成見。以此原則爲詩，則「一首詩應該是理解力的某種崩潰」（杜布萊西斯，一九八八：八〇）。在創作實踐上，超現實主義提出了「自動寫作法」(automatic writing)，要求詩人排除理性對精神的監視和控制，放任意識流(stream of consciousness)自由流瀉——這不啻是佛洛依德精神分析法中的「自由聯想」(free association)在文學上的運用。以自動寫作方式寫下來的詩，可能就變成「機遇詩」(random poetry)，而詩人就成了一架「潛意識的錄音機」（飛白，一九八九：一三六八）。

碧果早期的詩作，可謂超現實主義在台灣詩壇的「結晶」，這也是諸位詩評家不得其門而入的關鍵所在，蓋其均欲以「現實」這把量尺（不管是去量他的形式或內容，尤其是後者），去蠡測他的潛意識世界，以致牛頭不對馬嘴。碧果說他使用超現實主義手法創作，迄今卻未見有人專從此一角度來解讀，誤讀之事便在所難免。

由於援用超現實主義的自動寫作手法，碧果於書寫詩文本(text)之時，任由意識流自由馳騁，處處可見，例如〈樹和我和樹〉一詩第二段中，詩人說窗與水之間，是「一方土黃與暗綠」，然後「展延。轉速」動態狀詞出現，劃破前面的靜態，接著是一種穿越和一種聲響。窗與水以穿越和音響與之對位，或勉強可解，但是土黃和暗綠的顏色感覺，理性的意識知覺在此卻無法解釋。第三段「雲與門之間」插入「一束淡紅與淺紫」，之後又是動態狀詞「轉速。展延」，結果是「乃一喘息與一微笑」，同樣難解。這還不打緊，本詩在最後一段突然冒出的「黑色」感覺，並且在「樹和我和樹」的關係當中，不動聲色地跳出「貓與一齣玩偶」來，顯然這是詩人自由聯想之嵌入。碧果潛意識中的顏色感覺，從黃、綠流到紅、紫最後至黑出現，乃戛然而止。

超現實主義詩人曾宣稱，詩全部創造的秘密，主要都存在於夢幻狀態之中，而用一般的語言很難表達這種夢幻世界，因此需要賦予一般語言以意想不到的含意；其實，正是習慣把那些用爛了的字詞的驚人之處給藏了起來（杜布萊西斯，一九八八：八三）。詩人必須打破日常語言習慣的制約，讓潛意識替語言迸發出魔力來，驚奇的意象遂不時出現在超現實主義的詩作中，例如：「綠色陽光染透了海水」(Saint-John Perse)；「我越走近你／事實上／鑰匙在這個陌生的房門上唱得越歡」、「門帘不知不覺地捲起／所有的花朵亂哄哄地進來」、「透過濛濛細雨／我看見太陽的稜角／我聽見人的皮肉像一片寬大的樹葉／在色空交織的魔爪下碎裂」(A. Breton)；「一場風暴佔滿了谷／一條魚佔滿了河」、「在一剖兩半的蘋果上／一半是鏡子一半是我的臥室」(Paul Eluard)……這些懾人、神奇的意象，確實令人一新耳目。

碧果也擅於製造這種驚奇的「超現實」意象，例如：「如青煙遁出你的雙眸／長髮之呼吸起自一朵白花之中／嫩蕊在輕敲著那條小街的春夜」、「我的牆是有著四肢，鼻子和眼睛的」、「我的唇／擁擠著滿圓子蓓蕾」、「水仙花乃雕塑淚的工匠」、「我們的臉孔乃窗外的大地／有鳥自我們雙目中飛出」、「本少爺就是那頭雙面的月亮」、「那頭雙面的月亮端坐在擺渡船上／正向那絢麗的初春／擺渡」、「我乃一條其尾生翅的巨蛆」……。碧果往往以尋求物我合一的方式，來產生這種超現實（夢幻般）的心象，詩人所見之世界，近乎精神錯亂者（尤其是偏執狂）眼睛所見；也只有在瘋子眼中才能眞正看到物我合一的世界——這是超現實主義詩人對瘋狂的禮讚。

碧果這種由其潛意識所迸發的物我合一的心象，常導致「禪詩」的效果，蓋禪也捨棄習慣語言，主張不言而悟，不落言詮，以至於逆反邏輯推理，這些均與超現實主義的主張有異曲同工之處。〈樹和我和樹〉、〈逃逸〉、〈等待〉等詩即有禪味，甚至直到晚期其禪味仍未減，有些詩還帶有「夢蝶風」。至於超現實主義者強調的幽默風格（因幽默可刺穿理性規則），類如阿拉貢(Louis Aragon)著名的反宗教的諷刺詩〈聖女瞻禮經〉那種玩笑味道，碧果詩中仍可見到，如〈僵局〉、〈靜物〉、〈這就是風景〉等詩，均有「碧果式的幽默」，尤其是〈又是安適的一天〉一詩所描述的：「大床上，有一群豬，圓滾滾的／在啃食／一隻血淋淋的／瓜」，令人忍不住聯想起巴索里尼導演的《豚小星》豬啃食的驚奇電影畫面。

事實上，超現實主義詩人的詩作並未如其理論那樣走得太遠，其核心份子的多數作品雖因潛意識世界的難以被人理解而不可卒讀，仍有不少詩作清新可解，甚至艾呂雅(P.Eluard)、阿拉貢等幾位要角，晚期都走回寫實主義的道路——碧果晚期脫離超現實的行列，是否也有若合符節之處？碧果較爲自制的地方在其詩作中的性欲望，諸如「將　海的乳頭。賜我／將　黑旗。　賜我／以另一種門的　容貌」這種性意象極爲少見（或以原型意象代替出現乎？）。但比西方超現實主義走得更遠的是，他對字詞、語句的任意變造、揮灑，是前者所望塵莫及的（他們並未在這上頭有大膽的實驗），尤其是隨機的切斷與留白。被碧果大肆蹂躪的語言，似乎顯得過於沈重且疲憊不堪。

儘管超現實主義詩人要求讀者閱讀其作品時，應該放棄那種以爲一看就能瞭解其含義的態度，甚至忘掉「全部人爲的文化成果」，仍難以自圓其說——其荒誕的胡言亂語，任誰也無法看懂，蓋其中本來就沒有可讓人看懂的「意義」。無解的詩是不是詩？這個問題確有待辯明。碧果早期的許多詩其實是無解的，而不只是晦澀而已，則何能予以解碼？他根本就不設密碼。他的詩之所以困難，理應在此，知音難尋，註定是要孤獨的。這點也可看出，極端的超現實主義所帶來的傷害。

臨老入花欉——多情應笑我

晚期的碧果詩風一變爲溫雅、感性、動人，碧果多情，碧果也就可愛。少去了難以下嚥的苦澀，多了令人可口的甜美，詩人的知音當也就易尋；知音一個個出現，卻也形成一幅諷刺的畫面——但我們能相信碧果心中那份長存的孤獨感就會因此消失嗎？

情愛的主題其實是超現實主義詩人所關切的，他們的確寫了不少感人的好情詩，所以對於晚期碧果的轉向，說來也算是「有跡可尋」。當然讀其晚期作品，把超現實主義拋諸腦後可也。此外，要把一位詩人的前後期創作硬切爲不相干的兩段，那是不可能的，因之，碧果的後期詩作中，仍延續了若干前期的詩風，是大家有目共睹的。

例如張默所說的，碧果慣以「狀物」來描摹他眷戀的對象，以此達到「物我合一」的境界（張默，一九九五：七七）。關於此點，前面已有分析，茲不贅。類如〈小花豹〉、〈說繭〉、〈跪月的人〉、〈花與鹽的位置〉、〈你依然是一莖入世的水仙〉、〈我已把你讀成觀音〉、〈夢魂記〉諸詩，則多少帶點禪味。若說碧果由超現實主義入禪，兩者意趣近似，倒是一條方便捷徑。

其他如月、夜、花、夢原型意象的反覆出現，以及意象的優美突出，這些特色前文中亦均提及，尤以意象鮮明、優美，令人印象深刻，幾使第五輯的十六首情詩，篇篇俱現珠璣。諸如「月亮啞默地已升過你的額頭／花香幽緲若絲的／就在你的額頭誕生」（〈小花豹〉）；「蝶兒均以春天剪裁爲衣裳」（〈蝶經〉）；「你那花蕾般的薄唇／如何燃點我藍焰的春燈」（〈跪月的人〉）；「翠鳥以晨間的啁啾／刺繡你我火色的雙頰」（〈初冬感覺〉）；「把整季的春色在你我凝盼之中濃縮／濃縮成那兩朵粉白的茶花」（〈瓶插〉）……簡直讓人眼花撩亂，美不勝收，足證碧果寶刀未老。

既然放下超現實主義的身段，詩風轉趨明朗，是碧果後期能讓人親近的主因所在。在此，我們拿〈燃燒中的那朵玫瑰〉一詩和前期比較，便可一目瞭然。〈燃〉詩中第三段把它用散文方式而不以詩行排列表示，即：「我的愛，你是樹中之樹，我是樹後窺伺的風。你是花中之花，我是賞花、愛花、食花、寢花的雨。你是翅，我是飛。你是池，我是水。你是水，我是魚。你是風，我是雨。你是簷鈴，我是叮噹。而後，我們有風、有雨、有翅、有飛、有池、有水，有水、有魚。」，試與「樹以西之我於樹之中／我以西之樹於我之外」（〈樹和我和樹〉）以及「我乃魚之我／魚乃我之魚」（〈逃逸〉）這樣晦澀的句子相較，難易之間立現。

如果說令人親近的多情碧果，有所挑剔之處，恐在其意象用老這個問題上。類似意象群的反覆出現，固可說是詩人獨造的原型技法，卻也能說成是黔驢技窮、力有未逮的一種表現，這點碧果自己應該是心知肚明的。至於詩人筆下之所鍾愛者，是「小人兒」也好，是「小花豹」也好，不論是誰都無關重要。詩人何妨保留一點一己之私——小愛未必就遜於大愛？

碧果在最後的〈夢魂記〉中說：「又是雪花揚起時／策步甲子的行腳／序自己爲愛的偈語／我醒在醒中／以心瓣爲葉，許身，迎你」，自況之意，昭然若揭，也讓我們向他的終身不悔——「直至萎落化塵」——致敬。

——本文所引詩作，重要部份，計一十五首茲錄於后：

跪月的人

潛回心靈深處
那日，我獨坐在咖啡的香醇裏等你
想，你那花蕾般的薄唇
如何燃點我藍焰的春燈
在花香的方向
燈柔柔的是有些消瘦了
啊，我就是那位跪月的人

在河水暴漲時
在風吹柳梢時

在雲來萬嶺浮動時
月顫抖著
而你
就嫣然的
婆娑的
自對岸
凌波
而來。是以
在雲開月明的夜色中
我依然是夜夜跪月的人。

——選自「一個心跳的午後」
——九〇年代作品

血花箋

一個早春的晚上
星和月隱在巷尾的背後
如一陣無家的風縷
我蜷縮著身子，開始斟酌委屈的自己
整幅夜景擴散為悃慵的幾片敗葉

（小人兒，你原本是以月光餵養的
一朵透紫的鳶尾花。）

一雙伸向四方的慘白的手
兀然扭斷一瓣瓣殷紅的花瓣
在我裂疼的心上
帖出一種呼喚
呼喚著你的名字。之後
成血。

（小人兒，你原本是以月光餵養的
一朵透紫的鳶尾花。）而
在一聲嗆咳之後
忙不迭的，是我。

——一九九四·二·四·午間
——選自「愛的語碼」
——九〇年代作品

小花豹

鮮花貪婪地迴繞在你的左右
把整個春野占據的那個夜晚
月亮啞默地已升過你的額頭
花香幽緲若絲的
就在你的額頭誕生

誕生為一形似一頭小花豹的
是擁花入夢
淺睡為花的你
是你的側面
蜷臥的
苦修為我以心鏤成的
一尊

白而透翡的
羊脂
軟玉的小佛
名曰：

小花豹。

——一九九五·一·八·玫瑰園
——選自「愛的語碼」
——九〇年代作品

在擺渡船上

河水盈盈。
千張萬張不同的顏面，君不知該選擇那一張做為自己的顏面。是山還是水？是樹還是草呢？
不，應該是一頭雙面的月亮！

河水盈盈。
若干春秋所繪就的千張萬張不同的顏面呵！那顏面該是千張萬張不同的山和水。那顏面該是千張萬張不同的樹和草。

「哈哈，大老爺！本少爺就是那頭雙面的月亮呵！」
河水盈盈。
如今
那頭雙面的月亮端坐在擺渡船上
正向那絢麗的初春
擺渡。

——孵岩居詩抄之四
——選自「碧果自選集」
——七〇年代作品

所謂交易

兩把椅子空空的曝曬在陽光下。兩把椅子面對面的曝曬在陽光下。爾等們已具備了那屬於悲傷的資格
猛然間
我們僅只見到兩隻白森森的手
在兩把空空的椅子上
演出一幕習慣性的手勢
且旁若無人的
繼續著

遠方突如其來的闖進我們的瞳孔
那是一個刺有怪獸紋身的異性裸體
——去年夏天就是那付模樣

——孵岩居詩抄之廿一
——選自「碧果自選集」

——七〇年代作品

問

為了能看見正處於飛跑中的自己，我不停的圍繞著一抹花樹奔跑，且
加速的奔跑。拼命的奔跑。
奔跑著，奔跑
奔跑著，奔
跑

跑成一種
飛行
飛
僅僅是為了使自己能看見正在亡命的奔跑中的自己。此際，我卻不知
花樹它對我做何感想，是否
也情不自禁的隨著我奔跑起來？是否
也僅僅是為了使自己能看到正在亡命奔跑中的自己！

——孵岩居詩抄之九
——選自「碧果自選集」
——七〇年代作品

房間

坐著或者是
站著
都是剛剛才發生的事
左壁懸掛的那幅水山　乃
我之　胃
右壁懸掛的那幅水山　乃
我之　肺

化粧原本就是極其荒謬的。
尊貴
與
卑賤
均能成為我們的訪客

沒有什麼理由
一株盛開的孤挺花，終日，向四鄰現出自憐的模樣
原因　是

她不該下嫁給屋中的
那張幌來幌去的
虛幻的
朵斯托也夫斯基為妻

所以
坐著或者是
站著
都是剛剛才發生的事

因為
我們都是　病人
隔間
與不隔間
都是
一樣
足夠的
安靜

始能請老莊做為我們佐酒的
一盤
赭色的
鹹菜

——選自「碧果人生」
——八○年代作品

我們從未認識他們

陽光
由頂空灑落
甜美的
乳汁
在
哺我們的
乳房裏
潺潺。

一隻
貓兒
由我們的

面前
經過
陽光
由頂空灑落

陽光
由頂空灑落
一張
木靠椅
缺了
一條腿。
昨日
友人
邀我
晚宴。

然而
那張
高過屋簷的梯子
依然

斜斜的
站在
我們的
面前。

——選自「碧果人生」
——八〇年代作品

梯子

一具長長的梯子，沒入天幕
也許，他們都是主角
男人
女人
白晝
黑夜
由梯子的下端，魚貫的爬上去。不停的
且匆匆的
所有的觀眾也都爬上去了
舞台下邊

是一排排空著的椅子
那空著的一排排的椅子們，反覆的
說著：
「我們都沒有受騙。因為，我們都是主角。」

——選自「碧果人生」
——八〇年代作品

靜物

黑的　是盪在面前的被閹割了的
黑的　是盪在面前的被閹割了的

是的
黑的黑的黑的黑的黑的黑的黑的黑的黑的黑的黑的黑的黑的黑的黑的
黑的黑的黑的
黑的黑的黑的黑的黑的黑的黑的黑的黑的黑的黑的黑的黑的黑的黑的
黑的黑的黑的
黑的黑的黑的黑的黑的黑的黑的黑的黑的黑的黑的黑的黑的黑的黑的
黑的黑的黑的
黑的黑的黑的黑的黑的黑的黑的黑的黑的黑的黑的黑的黑的黑的黑的

黑的黑的
　黑的
　白的　是盪在面前被閹割了的
　白的　是盪在面前被閹割了的
　是的
　白的白的白的白的白的白的白的白的白的白的白的白的白的白的白的
白的白的白的
　白的白的白的白的白的白的白的白的白的白的白的白的白的白的白的
白的白的白的
　白的白的白的白的白的白的白的白的白的白的白的白的白的白的白的
白的白的白的
　白的白的白的白的白的白的白的白的白的白的白的白的白的白的白的
白的白的
　白的

　黑的也許就是白的。白的也是被閹割了的白的
　白的也許就是黑的。黑的也是被閹割了的黑的

被閹割了的
樹被閹割了。房子被閹割了。眼被閹割了。街被閹割了。手腳被閹割了。雲被閹割了。花被閹割了。魚被閹割了。門被閹割了。椅子被閹割了。
大地被閹割了。

哈哈
我偏偏是一隻未被閹割了的抽屜

——選自「碧果人生」
——八〇年代作品

夢桃花林記

汝在山中，踽踽的走著，在山中。唰白的陽光將汝籠罩在其中。不知何時，汝已將自己走成了山的模樣。乃北山為汝之頭。南山為汝之足。西山之上乃汝之右手。東山之上乃汝之左手。汝的身子就流成了谷中的溪。汝的雙瞳乃溪之源頭，名曰孿生之泉。泉的四週，葉正綠，花正紅。而且，尚有兩尾魚，正熱吻的，游。唰白的陽光像自溪水中升起，刺目。唰白的陽光嗖嗖的抖顫著一種金屬的聲響。刺目。

溪之右，有茅屋一間，乃汝之胃。屋中有桌有椅，和一張金色的床。床，乃汝之肝。床上有汝和汝之桃花。桃花乃汝之夢。夢中的乃汝之妻。

午後，汝將肺，化成千萬隻彩蝶，曼妙的飛舞成山。飛舞成谷。飛舞成溪。飛舞成溪之右的一方桃花盛綻的林子。林中乃汝的茅屋一間。屋中有酒一壺，酒盅兩個，佐酒的佳餚乃滿床盛綻的桃花。酒後睡意已濃，汝擁夢而眠。桃花乃汝之夢，夢中的乃汝之妻。

翌日，汝晨間五時醒來，身側的妻子，在汝之眼中乃一樹盛綻的桃花。

「一切矛盾均為悲劇之母。」乃汝之妻，每日對汝所說出的第一句話。

而也是汝之妻，每日對汝所說出的最終的一句話。

之後

汝定時每晚九時入睡。——喇白的陽光自溪水中升起，刺目。

——選自「碧果人生」

——七〇年代作品

走，我們坐車去三重埔

不錯

我是一間兩面設窗的房子。不錯
我是一間三面設窗的房子。不錯
我是一間四面設窗的房子。不錯

我是一間
週身上下
前後左右
遍體設窗的房子

（不然，什麼是紅黃藍白黑你們懂嗎？走，我們坐車到
三重埔去。
只因為我們早晚都要離開的。）
對，我就是一間週身上下前後左右　遍體設窗的房子
坐車到三重埔去的房子。

——選自「碧果人生」
——七〇年代作品

又是安適的一天

這風景
遠遠的望去，乃

我和
我的房子
坐在那裏
一個是太陽
一個是月亮
如果
你要一腳踏過去
一定
是
一張
很美
很美
的

大
床

大床上
有一群豬，圓滾滾的
在啃食

一隻血淋淋的
瓜

我的外衣呢？
我問房子。而
房子又反問我
我的內臟呢？

我笑了
房子也笑了

——選自「碧果人生」
——七〇年代作品

兵士的·玫瑰

月　已霉爛。

像裸足的　處女。
像焚燒著鳥屍的　船。
將　海的乳頭。　賜我
將　黑旗。　賜我

以另一種門的　容貌
讓我萌孽　於
那被折的　午後
一隻金質的手

而　傾斜的
籬的
且伸長　頸項且伸長　頸項
虜獲一些言語。乃一朵微笑

也許　那逃匿的
已偷一曲膚翅的琴音
輕扣　這摺扇的夜。而
鎖　落了。而湖
卻扮演著　新郎

哦哦　我的唇
擁擠著滿園子蓓蕾　那痞癩的
立於你的脊背之上。那
縛我之虹。向我索取　綠色

而　傾斜的
籬的
　且伸長　頸項且伸長　頸項
以另一種門的　容貌
將　海的乳頭　賜我
將　黑旗　賜我
　　　　　　而　幽香侵我
月　已霉爛　　　而　幽香侵我
那嘲我的　鈕扣　　而　幽香侵我
　　　　　而　幽香侵我

——選自「碧果人生」
——六〇年代作品

被囚之礦的死群的齡之囚

透紫的娼妓之我與透紫
我之一條泥虹的淡水街市之一條泥虹
是誰在販賣這季根鬚
空轎已出西城。

我乃逸向城東。

是花屋？抑是一屋花？將那頁蛹芽壓折
在一夜日午的清晨
一軌嚆嗷向我們展旗
那床種籽正被死亡導佈一樹婚禮

噢　何處是覓向？
我之淡水街市的一條泥虹　游蹀著
水仙花乃雕塑淚的工匠
一頭紅蜻蜓已潛入一腹之巷

所以　我是一格娼妓

——選自「碧果人生」
——六〇年代作品

引用書目

杜布萊西斯著，老高放譯　一九八八，《超現實主義》，北京：三聯書店。
沈奇　一九九五，〈藍調碧果——碧果詩歌藝術散論〉，《創世紀》第一〇三期，頁六三—七一。
洛夫　一九七八，《洛夫詩論選集》，台南：金川出版社。
張漢良　一九七九，蕭蕭與張漢良合編，《現代詩導讀：導讀篇二》，台北：故鄉出版社。
張漢良　一九八八，〈「碧果人生」中的個人私語〉，碧果，《碧果人生》，台北：采風出版社。
張默　一九六七，《現代詩的投影》，台北：台灣商務印書館。
張默　一九九五，〈愛之賦，歷久彌新——讀碧果詩集「一個心跳的午後」〉，《創世紀》第一〇三期，頁七四—七七。
飛白　一九八九，《詩海：世界詩歌史綱》，桂林：灕江出版社。
碧果　一九八一，《碧果自選集》，台北：黎明文化事業有限公司。
熊國華　一九九五，〈荒誕而眞誠的碧果〉，《創世紀》第一〇三期，頁七二—七三。